KAKA HAKKINDA BİLDİĞİM HERŞEY

Her günümüzü gülücüklerle ve kakayla dolduran küçük Julia Sanarau için... ***M. G.***

GENEL YAYIN YÖNETMENİ SELDA ÇİLİNGİR

İNGİLİZCEDEN ÇEVİRİ MEHMET ÇİLİNGİR

BASKI HAZIRLIK CEM MURAT YILMAZ

DÜZELTİ ASLI TOHUMCU

TEKİR KİTAP
Selda Çilingir

Kılıçali Paşa Mh, Altınbilezik Sk. Pera Apt. No:9 Daire:2
Beyoğlu - İstanbul
www.tekirkitap.com

/tekirkitap

1. Baskı Ekim 2018 - İstanbul
2. Baskı Aralık 2018 - İstanbul
3. Baskı Mart 2020 - İstanbul
4. Baskı Kasım 2020 - İstanbul
5. Baskı Ekim 2021 - İstanbul

ISBN : 978-605-8118-91-1
Sertifika Numarası : 41881

Basım : Optimum Basım San. ve Tic. Ltd. Şti.
Tevfikbey Mah. Doktor Ali Demir Cad.
No: 51/1 - 34295 - Küçükçekmece / İSTANBUL
Sertifika No: 41707
Tel: +90 212 463 71 25

Orijinal İsmi: Tot el que sé de la caca
First published by

JAUME COPONS MERCÈ GALÍ

KAKA HAKKINDA BİLDİĞİM HERŞEY

TEKİR KİTAP

Herkes nasıl kaka yapılacağını bilir.

Bilmeyen varsa da, eninde sonunda öğrenir.

Kimler kaka yapıyor? Kaka yapanlar el kaldırsın!

BEN!

Küçük kardeşim kaka yapıyor,

BEN!

annem ve babam da kaka yapıyor.

BEN!

Büyükannem ve büyükbabam bile kaka yapıyor!

Bir su aygırı bile nasıl kaka yapılacağını bilir.

Kuyruğunu hızla sağa sola savurarak

kakasını ortalığa saçar ve her yeri batırır!

Iyyy, iğrenç!

Kuşlar da nasıl kaka yapılacağını bilir.

Aman dikkat! Bazıları çok isabetli kaka yapar!

Büyükannemin köpeği de nasıl kaka yapacağını bilir:

Sokağın ortasına!

Fakat kedimiz o kadar kibardır ki,
kakasını sadece kutusundaki kuma yapar.

Büyük inekler, büyük kakalar yaparlar.

Ve küçük keçiler, zeytin gibi küçücük kakalar yaparlar.

Böcekler, mini minnacık
kakalar yaparlar.

Bazı böcekler ise dev gibi kaka topları taşırlar.

Fakat fillerin ne yaptığını bilmek bile istemezsiniz...

Hele ki balinaların, asla!..

Peki ama ya ben?
Peki ya sen? Biz?
Biz nasıl kaka yapıyoruz?

Ben kakamın geldiğini hissettiğimde,
hemen koridordaki tuvalete koşarım.

Tuvalete otururum ve konsantre olurum.

Aa, ama eğer tuvalet kağıdı bitmişse,
hemen yeni bir rulo isterim!

Bazen pırt yaparım.

Fakat hiçbir şey olmaz.

Bazen o kadar zorlanırım ki kıpkırmızı olurum.

Böyle durumlarda biraz tezahürat hiç de fena olmaz.

Ve işte!

Aniden gelen o büyük rahatlama!

Kakamdan herkes o kadar memnun ki!

Ve son olarak, ellerimi yıkamadan hemen önce,
kakaya bay bay derim!

İşte, kaka hakkında bildiğim
her şey bu kadar.

Anladınız mı?